12 Janvier 1861

CATALOGUE

D'UNE BELLE COLLECTION

DE

DESSINS ANCIENS

DES MAITRES

ITALIENS, FLAMANDS, HOLLANDAIS
FRANÇAIS & ESPAGNOLS

DU XVᵉ AU XVIIIᵉ SIÈCLE

FORMANT

Le Cabinet de M. P. G****

ANCIEN MAGISTRAT

————o◄►o————

Mᵉ **DELBERGUE-CORMONT**, Commissaire-Priseur.

M. BLAISOT, Expert.

CATALOGUE

D'UNE BELLE COLLECTION

DE

DESSINS ANCIENS

DES MAITRES

ITALIENS, FLAMANDS, HOLLANDAIS FRANÇAIS & ESPAGNOLS

DU XVᵉ AU XVIIIᵉ SIÈCLE

FORMANT

Le cabinet de M. P. G****

ANCIEN MAGISTRAT

—◦ ⬦⬦⬦ ◦—

PARIS

CHEZ B. BLAISOT, MARCHAND D'ESTAMPES

178, RUE DE RIVOLI

—

1860

La Vente aura lieu les 11 et 12 Janvier 1861

(A 1 HEURE DE RELEVÉE)

EN L'HOTEL DES COMMISSAIRES-PRISEURS

Rue Drouot, n° 5

SALLE N° 3,

Par le ministère de M° **DELBERGUE-CORMONT**, Commissaire-Priseur,
rue de Provence, 8.

EXPOSITION PUBLIQUE

Le Jeudi 10 Janvier 1861, de'une heure à cinq heures.

CONDITIONS DE LA VENTE

Au comptant. — Cinq pour cent en sus des enchères.

ON TROUVE LE PRÉSENT CATALOGUE :

A LONDRES	Chez MM. COLNAGHI et EVANS.
AMSTERDAM	MM. BUFFA frères.
BERLIN	M. A. MEYER.
FRANCFORT-SUR-LE-MEIN	M. J. BAER.
LEIPSICK	M. WEIGEL.
MUNICH	M. MONTMORILLON.
MANHEIM	MM. ARTARIA et FONTAINE.
VIENNE	MM. ARTARIA et C°.
ROTTERDAM	M. LAMME.
LIÉGE	M. CH. VAN MARCK.
ANVERS	M. TESSARO.
PARIS	M. BLAISOT.

La collection de Dessins d'anciens maîtres des écoles d'Italie, d'Allemagne, de Hollande, de Flandre, d'Espagne et de France, que nous mettons en vente, est des plus intéressantes. Formée, il y a vingt-cinq ans, par un amateur distingué, elle renferme une série de pièces dont le mérite et la rareté sont de nature à exciter l'intérêt de MM. les amateurs et les artistes. Ne pouvant donner ici une analyse, même succincte, de cette jolie collection, nous la recommandons au public éclairé qui sait apprécier les œuvres des maîtres anciens, et nous signalons aux collectionneurs cette nouvelle occasion de se procurer, pour leurs cabinets, des productions précieuses qui deviennent de plus en plus difficiles à trouver.

Novembre 1860.

CATALOGUE

I

ÉCOLES D'ITALIE.

1. **Albani** (FRANCESCO), dit *l'Albane* [1578-1660]. Élève de Denis Calvaert à Bologne et rival du Guide. Junon sur un arc-en-ciel, entourée d'anges. — Charmant dessin à la plume et au bistre, lavé.

2. **Angeli** (FELIPE), dit *le Napolitain* [1640]. Croquis à la plume légèrement lavé au bistre.

3. **Barbieri**, dit *le Guerchin* [1590-1666]. Agar dans le désert. — Dessin à la plume et au bistre.

4. — Deux femmes soutenant un homme blessé. — Dessin à la plume et lavé au bistre sur papier teinté.

5. **Berettini** (PIETRO), dit *Pierre de Cortone* [1600-1669]. Des anges délivrent un martyr en brisant ses chaînes. — Joli dessin à la plume et au bistre, lavé à l'encre de Chine.

6. — Sujet allégorique. — Dessin à la plume et au bistre.

7. — Moïse. — Dessin à la sanguine.

8. **Bernini** (JEAN-LAURENT), dit *le chevalier Bernin* [1598-1680]. Élève de son père. — Deux dessins. Études d'aigle à la plume et au bistre.

9. **Biscaïno** [1650]. Triomphe de Silène. — Dessin à la sanguine rehaussé de blanc.

10. **Borgiani** (HORACE) [1610]. Peintre et graveur. Scène militaire dans un camp. — Dessin à la plume et au bistre.

11. **Brandi** (HYACINTHE) [1623-1691]. Moine en extase. — Dessin d'une grande énergie, à la plume et lavé.

12. **Buonamici** (AUGUSTIN), dit *Tassi* [1566-1642]. Élève de Paul Bril et de Salimbeni. — Paysage à la plume et au bistre.

13. **Buonarotti** (MICHEL-ANGE) [1474-1564]. — Belle étude à la plume et au bistre, pour un monument funèbre.

13 bis. — Très-belle étude de torse à la sanguine. — Dessin capital.

14. **Cagnacci** [1601-1681]. Élève du Guide. Saint Jean présentant la Croix à l'Enfant Jésus. — Dessin à la plume et lavé de bistre.

15. **Caletti**, dit *le Crémonèse* [1600-1660]. Portrait d'un chevalier. — Dessin à la plume et au bistre.

16. **Caliari** (PAUL), dit *Paul Véronèse* [1528-1588]. Une femme à genoux aux pieds d'un évêque, derrière lequel sont deux vieillards. — Beau dessin à la pierre noire, rehaussé de blanc, sur papier teinté.

17. — Moïse présenté à la fille de Pharaon. — Dessin à la pierre noire, sur papier teinté.

18. **Cambiaso** (LUCA), dit *le Cangiage* [1527-1580]. Un Évangéliste. — Belle étude à la plume et au bistre, largement traitée. *(Collection Denon.)*

19. — Sainte Famille. — Dessin à la plume et au bistre.

20. **Cantarini** (SIMON), dit *le Pesarèse* [1612-1648]. Bergers et bergères sous des arbres. — Beau dessin à la pierre noire, lavé au bistre et rehaussé de blanc, sur papier teinté. *(Collection Villenave.)*

21. **Carrache** (Louis) [1555-1619]. Élève de Fontana et du Tintoret. Scène religieuse dans l'intérieur d'un couvent de moines. — Beau dessin à la plume, lavé au bistre.

22. **Carrache** (Augustin) [1558-1601]. Élève de Louis. Les saintes femmes aux pieds du Christ. — Beau dessin à la plume.

23 **Carrache** (Annibal) [1560-1610]. Élève de Louis Carrache, son cousin. Paysage à la plume. Très-fin.

24. — Étude de femme à la sanguine. (*Collection Willenave.*)

25. — Sainte Famille. Un moine baise la main de l'Enfant Jésus, et derrière lui se trouve un ange jouant de la guitare. — Beau dessin à la plume, lavé d'encre de Chine et rehaussé de blanc, sur papier teinté.

26. **Carucci,** dit *le Pontorme* [1493-1558]. Élève de Léonard de Vinci. Tête de femme. — Dessin à la sanguine, très-énergique.

27. **Casolano** (Alexandre) [1552-1606]. Élève de Salimbeni. Sainte Famille. — Dessin à la plume et au bistre.

28. **Castiglione** (Benedette) [1616-1686]. Deux dessins : études de faunes et naïades, à la sanguine et au bistre.

29. **Crespi** (Daniel) [1590-1630]. Élève des Procaccini. — Belle étude d'académie, à la pierre noire.

30. **Cresti,** dit *il Passignano* [1560-1638]. Saint Jean prêchant dans le désert. — Dessin à la plume et lavé au bistre.

31. — Chaste Suzanne au bain. — Dessin à la plume et au bistre.

32. **Creti** (Donato) [1670-1750]. Élève de Pasinelli. Jésus-Christ guérissant un paralytique. — Dessin à la plume et au bistre.

33. **Dolci** (Carlo) [1616-1686]. La Vierge et l'Enfant Jésus. — Dessin gracieux et très-fin, à la pierre noire et à la sanguine.

34. **Figino** (Ambroise) [1590]. La Sainte Vierge arrivant au ciel devant Dieu le père et Jésus-Christ. — Dessin à la plume, légèrement lavé de bistre.

35. **Ferri** (Ciro) [1634-1689]. Élève de Pierre de Cortone. Jésus-Christ portant sa croix. — Esquisse à la plume.

36. **Fiori** (Frédéric), dit *il Baroccio* [1528-1612]. Imitateur du Corrège. Moine en prière. — Dessin à la pierre noire, légèrement teinté.

37. **Gandolfi** (Ubald) [1728-1781]. *Ecce homo.* Le Christ garroté, amené devant Pilate. — Dessin à la plume et au bistre.

38. **Gauli** (Jean), dit *le Baciccio* [1639-1709]. Élève du Bernin. — Deux dessins à la plume et au bistre.

39. **Gimignani** (Hyacinthe) [1610-1680]. Élève de N. Poussin et de Pierre de Cortone. Sacrifice antique. — Dessin à la plume, lavé d'encre de Chine et rehaussé de blanc, sur papier jaune.

40. **Giordano** (Luca), dit *il Fa Presto* [1632-1705]. Élève de Ribera (*l'Espagnolet*) et de Pierre de Cortone. Une sibylle près d'un tombeau. — Beau dessin, lavé au bistre et rehaussé de blanc. (*Collection J. Dupan.*)

41. — Un pèlerin. — Dessin à la plume et au bistre.

42. **Grimaldi** (Jean-François), dit *le Bolognèse* [1606-1680]. Élève des Carrache et de l'Albane. — Paysage à la plume. Style grandiose.

43. **Guido Reni**, dit *le Guide* [1575-1642]. Élève de Denis Calvaert et des Carrache. Une vieille femme comptant son or près d'une lampe. Effet de clair-obscur. — Très-beau dessin à la plume, lavé au bistre.

44. — Sainte Famille. — Très-beau dessin à la pierre noire, sur papier teinté.

45. **Lanfranc** (GIOVANNI) [1581-1648]. Élève des Carrache. La Résurrection. — Joli dessin à la plume et au bistre, lavé légèrement.

46. — Concile. — Dessin à la plume, lavé au bistre.

47. **Liberi** (PIETRO) [1605-1687]. Allégorie. — Dessin à la plume, lavé au bistre et rehaussé de blanc.

48. **Lutti** (BENEDETTO) [1670-1725]. Madeleine au désert. — Dessin à la pierre noire.

49. **Maganza** (JEAN-BAPTISTE) [1509-1589]. Élève du Titien. Descente de Croix. — Dessin à la sanguine, rehaussé de blanc, sur papier teinté. (Rare).

50. **Maratte** (CARLO) [1625-1713]. Élève d'André Sacchi. Un sacrifice. — Dessin à la sanguine, largement teinté.

51. **Mascagni** [1579-1640]. Élève de Ligozzi. La Sainte-Trinité au milieu d'anges tenant les instruments de la Passion. — Dessin à la plume et au bistre rehaussé de blanc sur papier teinté. (Rare.)

52. **Mattioli** [1662-1741]. Élève de C. Cignani. Paysage à la plume et au bistre. — Dessin d'une exécution remarquable.

53. **Maturino** [1500]. Élève de Raphaël et maître de Polydore de Caravage, son garçon d'atelier. Une Pythonisse sur son trépied entourée de grands-prêtres. — Dessin énergique à la plume et lavé de bistre.

54. **Mazzuoli** dit *le Parmesan* [1503-1540]. Élève du Corrège. Moïse. — Dessin à la sanguine.

55. — Le Christ au tombeau. — Croquis lavé au bistre et rehaussé de blanc.

56. — Allégorie mythologique. — Dessin à la plume et lavé au bistre.

57. — Un Saint. — Dessin à la plume.

58. **Mola** (PIERRE-FRANÇOIS) [1612-1688]. Élève de l'Albane et du Guerchin. Mendiants à la porte d'un temple. — Dessin à la plume lavé au bistre.

59. **Nanni-Ricamatore** (JEAN) dit *Jean d'Udine* [1489-1561]. Élève de Barbarelli (*le Giorgion*) et de Raphaël. — Deux esquisses à la plume et au bistre pour ses fresques.

60. **Onofrio** (GABRIELLO) [1616-1706]. Élève du Guaspre. Paysage à la plume et au bistre.

61. **Palma** (JACOPO) dit *le Vieux* [1518-1556]. Têtes d'études. — Deux dessins à la sanguine et au bistre.

62. **Pannini** (JEAN-PAUL) [1691-1761]. Élève de B. Luti. Jésus-Christ guérissant des malades. — Dessin à la plume et au bistre légèrement lavé à l'encre de Chine.

63. **Pasinelli** (LAURENT) [1629-1700]. Élève de S. Cantarini. Moine en prière. — Dessin énergique à la plume.

64. **Perino del Vaga** (BUONACORSI) [1500-1548]. Élève de Raphaël et de Ghirlandaïo. Niobé. — Joli dessin à la plume et légèrement lavé au bistre.

65. — Sibylle. — Dessin à la plume et lavé au bistre sur papier teinté.

66. **Ponte** (JACOPO DA) dit *le Bassan* [1510-1592]. Élève du Titien. Apparition de l'ange aux bergers. — Dessin à la plume et à l'encre de Chine.

67. — Adoration des bergers. — Dessin à la plume et au bistre lavé d'encre de Chine.

68. **Polydore de Caravage** (P. Caldara) [1495-1540].
Élève de Maturino et de Ricamatore (*Jean d'Udine*).
Hercule couché, revêtu d'une peau de lion. — Beau
dessin à la plume, lavé et rehaussé de blanc, sur papier
gris.

69. **Porta** (Joseph) dit *Salviati* [1520-1570]. Gracieuse
composition pour une corniche. La chèvre Amalthée.
— Dessin à la plume et au bistre.

70. **Le Primatice** (Francesco) [1490-1570]. Elève de
Jules Romain. Vénus et l'Amour ayant à leurs pieds
des armes forgées par Vulcain. — Dessin gracieux à la
plume et au bistre, relevé de blanc sur papier teinté.
(*Collection J. Dupan.*)

71. **Procaccini** (Camille) [1546-1626]. Des saints, sui-
vis d'anges, visitent un hôpital et soignent les malades.
— Dessin à la plume et au bistre.

72. — Circoncision. — Dessin à la plume et au bistre.

73. **Raphaël Sanzio**. [1483-1520]. Élève de Vanucci
(*le Pérugin*). Esquisse à la plume de *la Vierge au Pois-
son*, largement exécutée.

74. — Vénus pudique. — Gracieux dessin à la sanguine.

75. — Femmes nues. — Étude à la sanguine. (*Collection
du comte de Paar.*)

76. **Robusti** (Jacopo) dit *le Tintoret* [1512-1594]. Élève
du Titien. — Deux petites esquisses à la plume et au
bistre représentant des scènes de la vie de Jésus-Christ.

77. — Deux autres petites esquisses à la plume et au crayon.

78. **Romanelli** (Jean-François) [1617-1662]. Élève de
Pierre de Cortone et du Dominiquin. Mariage de la
Vierge. — Dessin à la plume et au bistre lavé à l'encre
de Chine.

79. **Salvi** (JEAN-BAPTISTE) dit *Sassoferrato* [1605-1685].
Sainte Famille. — Dessin à la plume et au bistre légèrement teinté.

80. **Sciaminosi** [1580]. Têtes à la plume et au bistre.
— Dessin provenant de la *Collection J. Dupan.*

81. **Schidone** (BARTHOLOMEO) [1570-1615]. Élève du Corrége. Sainte Famille sur le péristyle d'un temple au
pied duquel sont placés les évangélistes. — Dessin à la
plume, légèrement lavé, sur papier teinté.

82. **Tempesta** (ANTONIO) [1550-1630]. Élève de Stradanus et de Santi-Tito. Scène de bataille. — Dessin à la
plume et lavé au bistre, d'une vigueur remarquable.
(*Collection Galeozzi.*)

83. **Testa** (PIETRO) [1617-1650]. Élève de Pierre de Cortone et du Dominiquin. Guirlande d'écussons d'armoiries
soutenus par des Amours. — A la plume et au bistre.

84. — Allégorie. — Croquis d'études pour un monument,
à la plume et au bistre.

85. **Tiarini** (ALEXANDRE) [1578-1668]. Élève de Fontana
et de Cresti (*Il Passignano*). Étude d'académie. — Dessin à la pierre noire. (*Collection sir Josuah Reynolds.*)

86. **Tiepolo** (JEAN-BAPTISTE) [1692-1770]. Les Évangélistes. — Dessin à la plume.

87. — Faunes et Satyres. — Dessin à la plume.

88. **Torre** (FLAMINIO) [1621-1661]. Élève du Guide et du
Pesarèse. Saint Marc et la Vierge entourée d'anges. —
Dessin à la sanguine.

89. **Trevisani** (FRANCESCO) dit *le Romain* [1656-1746].
Extase de saint François. — Beau dessin à la plume et
au bistre, rehaussé de blanc sur papier gris.

90. **Vecelli** (Tiziano) dit *le Titien* [1477-1576]. Élève de
G. Bellini et du Giorgion. La Fuite en Égypte.—Dessin
à la plume d'une finesse remarquable.

91. **Vanni** (Francesco) [1565-1609]. Élève de Baroche.
Adoration de la Vierge et de l'Enfant Jésus. — Dessin
à la plume et au bistre, légèrement lavé.

92. **Vasari** (Georges) [1512-1574]. Élève de Michel-Ange
et d'Andrea del Sarto. Deux esquisses pour ses fresques.
— Dessins à la plume et au bistre.

93. **Volterre** (Daniel de) ou *Ricciarelli* [1509-1570].
Elève de B. Peruzzi. Tête d'empereur romain à la
pierre noire. (*Collection L. Spencer.*)

94. **Zampieri** (Dominique) dit *le Dominiquin* [1580-1640].
Elève de D. Calvaert. Étude de moine à la sanguine.

95. **Zuccaro** (Frédéric) [1542-1609]. La Vierge et l'Enfant Jésus adorés par des moines. — Dessin d'un style
magistral, à la plume et au bistre, légèrement lavé.

96. **Zuccaro** (Taddeo) [1529-1566]. Un pape bénissant
un livre présenté par des moines à genoux. — Dessin
à la plume, lavé de bistre et d'indigo.

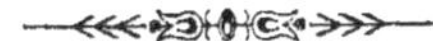

II

ÉCOLES DU NORD

(FLAMANDE, HOLLANDAISE & ALLEMANDE)

97. **Antonissen** (HENRI) [1737-1794]. Maître d'Ommeganck. Paysage à l'encre de Chine légèrement teinté en
couleur. — Dessin d'un très-bel effet.

98. **Avercamp** (HENRI VAN) dit *le Muet* [1650]. Femmes
portant des marchandises au marché, en traîneaux, sur
une rivière. — Dessin à l'aquarelle. (Maître très-recherché.)

99. **Backhuysen** (LUDOLPHE) [1631-1710]. Élève de Van
Everdingen. Marine. Temps calme. — Charmant dessin à la plume lavé d'encre de Chine.

100. **Baur** (GUILLAUME) [1610-1640]. Marine. — Dessin
d'une finesse extrême à l'aquarelle.

101. **Béga** (CORNEILLE) [1620-1664]. Élève d'A. Van Ostade.
Femme assise. — Dessin à la sanguine.

102. **Beham** (SEBALD) [1500-1550]. Élève d'Albert Durer.
Distribution de pains à des pauvres. — Dessin à la
plume. (Très-rare.)

103. **Berchem** (Nicolas) [1624-1683]. Élève de J. Van
Goyen, de Moyaert et de J.-B. Weeninx. Paysage avec
animaux (signé). — Esquisse faite avec une facilité et
un esprit remarquables.

104. **Berkheyden** (Job) [1637-1693]. Genre de D. Teniers. Un homme vu par derrière.—Dessin à la pierre
noire rehaussé de blanc sur papier bleu.

105. **Bisschop** (Corneille) [1630-1674]. Élève de F. Bol.
Joli dessin à la plume et au bistre lavé sur papier
teinté.

106. **Bloemaert** (Abraham) [1564-1658]. Bacchantes. —
Dessin très-énergique à la plume et au bistre.

107. — Animaux à la plume et au bistre.

108. — Saint Jean composant l'Apocalypse. — Charmant
dessin à la plume et au bistre rehaussé de blanc.

109. **Bloemen** (Jean-François Van), dit l'*Orizonte* [1658-
1715]. S'inspira du Poussin et de Van der Cabel. Paysage à l'aquarelle, très-ferme de tons.

110. **Bloemen** (Pierre Van) [1650-1719]. Surnommé *Stan-
daert*. Vache à la sanguine et à la pierre noire.

111. **Borgt** (Van der) [1625-1674]. Moine endormi. — Dessin à la sanguine.

112. **Bosch** (Van den) [1763-1838]. Paysage avec animaux :
un troupeau de bœufs passant un gué. — Joli dessin à
l'encre de Chine.

113. **Both** (Jean) [1610-1650]. Élève d'A. Bloemaert.
Paysage. — Joli dessin à l'encre de Chine sur papier
bleu.

114. — Paysage. — Joli dessin à la plume, représentant un
château-fort au bord d'une rivière.

115. **Brauwer** (ADRIEN) [1608-1640]. Élève de François
Hals. Scène de cabaret : buveurs écoutant un joueur
de violon. — Dessin en couleur sur parchemin. (Très-
fin d'exécution.)

116. **Breughel** (PIERRE) dit *d'Enfer* [1567-1625], fils de
P. Breughel (le Vieux). Tentation de saint Antoine. —
Dessin à la plume et lavé d'encre de Chine.

117. **Breughel** (JEAN) dit *de Velours* [1568-1622], fils de
P. Breughel (le Vieux). Paysage au bord d'une rivière,
où se trouvent des bateaux en décharge. — Dessin à la
plume et légèrement lavé d'indigo.

118. **Bril** (PAUL) [1556-1626]. Élève de son frère Mathieu
Bril. Paysage à la plume lavé de bistre et d'indigo.

119. **Cabel** (VAN DER) [1631-1695]. Élève de V. Goyen.
Beau paysage avec port de mer ; troupeaux sur le premier plan. — Lavé à l'encre de Chine sur papier de
couleur.

120. **Carré** (MICHEL) [1666-1728]. Élève de N. Berchem.
Paysage avec animaux se désaltérant dans une mare.
— Dessin lavé au bistre.

121. **Champaigne** (PHILIPPE DE) [1602-1674]. Élève de
Fouquières. Joli dessin à la plume et au bistre lavé
d'encre de Chine.

122. **Clotz** (VALENTIN) [1680]. Campement. — Dessin à la
plume et au bistre, lavé d'encre de Chine.

123. **Coques** (GONZALÈS) [1618-1684]. Tête d'étude à la
plume et au bistre.

124. **De Crayer** (GASPARD) [1582-1669]. Élève de Michel
Coxie. Saint Roch et son chien. — Dessin à la plume,
lavé et rehaussé de blanc, sur papier gris.

125. **Cuyp** (ALBERT) [1610]. Élève de son père Jacques. Paysage : une vache au bord d'un ruisseau. —Dessin à la plume.

126. — Marine à la plume lavée de bistre.

127. **Dietricy** (CHRÉTIEN) [1712-1774]. Paysage : deux voyageurs admirent une cascade qui tombe d'un rocher. — Dessin très-fin à l'encre de Chine.

128. **Does** (JACQUES VAN DER) [1660]. Élève de K. Dujardin. Paysage avec animaux : un troupeau de moutons passe sous un arc de triomphe en ruines.—Dessin à la plume et à l'encre de Chine.

129. **Dow** (GÉRARD) [1612-1680]. Élève de Rembrandt. Archer tenant d'une main son chapeau à plumes et de l'autre une hallebarde. Très-belle esquisse à la pierre noire.

130. **Drielst** (EGBERT VAN) [1746-1797]. Paysage. — Dessin magistral à la pierre noire, lavé d'encre de Chine.

131. **Ducq** (JEAN LE) [1640]. Élève de P. Potter. Étude d'homme assis. — Dessin à la pierre noire sur papier gris.

132. — Un Soldat. — Esquisse à la sanguine.

133. **Duquesnoy**, sculpteur [1630]. Amour à la sanguine, d'un beau modelé.

134. — Jésus-Christ flagellé. — Dessin à la plume et au crayon, largement touché.

135. **Durer** (ALBERT) [1471-1528]. Élève de Wohlgemuth. Entrée de Jésus-Christ à Jérusalem. — Dessin très-fin à la plume et au bistre.

136. **Dyck** (ANTOINE VAN) [1599-1641]. Élève de Van Balen et de Rubens. Anges à la plume. — Charmant croquis où la main du maître se fait sentir.

137. **Esselens** (JACQUES) [1650]. Élève de Rembrandt.
Paysage à l'encre de Chine bistrée. — Dessin d'un co-
loris agréable et très-habilement fait.

138. **Falens** (CHARLES VAN) [1684-1733]. Halte de chas-
seurs dans une gorge de montagnes. — Dessin à la
plume lavé d'encre de Chine.

139. **Genoels** (ABRAHAM) [1640-1682]. Paysage à la plume
et au bistre.

140. **Glauber** (JEAN) [1646-1726]. Élève de Berchem.
Paysage. — Joli dessin à la plume, lavé d'encre de
Chine.

141. **Goltzius** (HENRI) [1558-1617]. Mars devant Pluton.
— Dessin à la plume et au bistre légèrement lavé.

142. — Sujet érotique à la plume et en couleur.

143. — Vénus apprenant à l'Amour à tirer de l'arc. — Dessin à la plume et au bistre légèrement teinté.

144. — Un Satyre, excité par l'Amour, cherche à s'emparer
d'une Nymphe couchée. — Dessin à la plume et au
bistre.

145. **Van Goyen** (JEAN) [1596-1656]. Paysage avec animaux. — Dessin à la pierre noire.

146. — Patineurs sur l'Escaut, près d'Anvers. — Joli dessin
à la pierre noire sur papier jaune.

147. — Halte près d'une auberge. — Dessin à la pierre noire.

148. — Paysage. — Dessin à la pierre noire légèrement
lavé.

149. **Haccou** (JEAN) [1798-1840]. Elève de Koekkoek. Marine à l'encre de Chine.

150. **Helmont** (Mathieu Van) [1653-1740]. Élève de D. Teniers. Intérieur d'atelier. — Croquis au crayon noir, d'une exécution facile et spirituelle.

151. **Heusch** (Guillaume de) [1660]. Élève de J. Both. Paysage à la plume et au bistre légèrement lavé d'encre de Chine.

152. **Hoet** (Gérard) [1648-1733]. Des Amours enlacent une guirlande de fleurs autour d'un buste de femme. — Dessin à l'encre de Chine, très-fin d'exécution.

153. **Hondekoeter** (Melchior) [1636-1695]. Élève de J.-B. Weeninx, son oncle. Ruine d'une ferme après un incendie. — Charmant dessin à l'aquarelle, d'une grande vérité.

154. **Holbein** (Jean) [1498-1554]. Élève de son père. Jésus-Christ chassant les marchands du temple. — Dessin à la plume et au bistre. (Rare.)

155. **Hooghe** (Pierre de) [1680]. Élève de Berchem. Buveur flamand. — Dessin à la pierre noire rehaussé de blanc sur papier bleu. (Maître très-recherché.)

156. **Houbraken** (Arnold [1660-1709]. Descente d'Énée aux enfers. — Dessin à la plume et au bistre lavé d'encre de Chine, d'une exécution fine et très-soignée.

157. **Hugtenburg** (Jean Van) [1646-1733]. Élève de Van der Meulen. Combat de cavalerie. — Dessin à la pierre noire sur papier jaune.

158. **Huysum** (Jean Van) [1682-1750]. Élève de son père Juste Van Huysum. Paysage. — Dessin d'une finesse admirable, à la plume, légèrement lavé d'encre de Chine.

159. **Jode** (Pierre de). Graveur célèbre. L'Amour brûle son arc et ses flèches en voyant un vieillard paralytique s'approcher d'une jeune femme. — Très-beau dessin à la plume et au bistre, admirablement travaillé.

160. **Janssens** (Abraham)[1620]. Les Disciples d'Emmaüs. — Dessin à la plume et à l'encre de Chine rehaussé de blanc sur papier bleu.

161. **Jardin** (Karl Du) [1635-1678]. Élève de Berchem. Moutons. — Dessin à la pierre noire lavé à l'encre de Chine. (Au verso il y a un paysage avec ruines lavé à l'encre de Chine.)

161 bis. — Une Mendiante avec ses enfants et son chien. —Très-beau dessin à la plume et lavé de bistre (signé). — (*Collection de Henning.*)

162. — Paysage avec animaux. — Beau dessin à la pierre noire légèrement lavé à l'encre de Chine.

163. **Jordaens** (Jacques) [1594-1678]. Élève de Rubens. Un Bœuf, étude pour une Adoration des mages. — Dessin à la pierre noire sur papier gris.

164. — Silène. — Étude à la sanguine et à la pierre noire sur papier gris, largement traitée.

165. **Kauffmann** (Angélique) [1741-1807]. Portrait de l'artiste sous le costume d'une religieuse. —Charmant croquis au crayon noir, touche fine et spirituelle.

166. **Kessel** (Jean Van) [1626-1679]. Paysage à l'encre de Chine.

167. **Kobell** (Ferdinand) [1740-1796]. Paysage à l'encre de Chine.

168. **Kobell** (Henri) [1750-1782]. Élève de Langendyck. Marine. — Dessin à la sépia.

169. **Koning** (Philippe de) [1619-1689]. Élève de Rembrandt. Un Baptême. — Dessin à la plume et au bistre d'une grande vigueur, dans la manière de Rembrandt.

170. **Klengel** (Jean) [1751-1824]. Élève de Dietricy. Paysage à la plume et au bistre.

171. **Koekkoek** (Jean) [1778]. Marine, temps calme : des pêcheurs partent pour la pêche. — Dessin lavé à l'encre de Chine.

172. **De Laar** (Pierre) dit *Bamboche* [1613-1673]. Enfants assis. — Étude à la pierre noire.

173. — Un Berger rattachant sa chaussure. — Dessin en couleurs sur papier jaune. (*Collection Sandrart.*)

174. **Lafargue** (Paul) [1725-1782]. Paysage avec animaux. — Dessin à l'encre de Chine.

175. **Lairesse** (Gérard) [1640-1711]. Élève de Bertholet-Flémal. — Dessin allégorique à la sanguine, d'une exécution très-fine.

176. **Lastman** (Pierre) [1570-1649]. Maître de Rembrandt et de Jean Lievens. La Moisson. — Paysage à la plume et au bistre.

177. **Lievens** (Jean) [1610]. Élève de P. Lastman. — Croquis à la plume lavé d'encre de Chine.

178. **Lingelbach** (Jean) [1625-1687]. Élève de Ph. Wouwermans. Forçats dans un port de mer. — Dessin à la plume et au bistre lavé d'encre de Chine.

179. **Lutherburg** (Philippe) [1740-1814]. Scène de buveurs. — Dessin à la sépia sur papier vert.

180. **Luycken** (Jean) [1650]. Graveur célèbre. Scène d'adoration d'une divinité dans les Indes. — Dessin très-fin à la plume, lavé d'encre de Chine.

181. — Siége d'une ville forte en Orient : massacre de chrétiens hors des remparts ; on aperçoit dans le ciel Dieu entouré d'anges, et dans une cavité Satan qui excite au carnage. — Dessin à la plume et à l'aquarelle.

182. **Maes** (Godefroid) [1660-1722]. Un Saint présenté par un ange à la Vierge, entourée d'anges, et près de laquelle se tient saint Pierre. — Dessin lavé de bistre et rehaussé de blanc.

183. **Meer** (Van der), le Jeune [1680]. Élève de Berchem. Paysage en couleurs. — Joli dessin d'un ton vaporeux et plein de charme.

184. **Mengs** (Raphael) [1728-1780]. Portrait de *Suderman*, au crayon noir.

185. **Michau** (Théobald) [1676-1769]. Paysage avec animaux. — Dessin à l'encre de Chine sur papier gris.

186. — Paysage avec animaux. — Dessin à l'encre de Chine.

187. — **Molenaer** (Nicolas) [1650]. Élève de Berchem. Une femme et un enfant, conduisant un âne chargé de fruits, accostés par deux seigneurs. —Dessin à la plume lavé d'encre de Chine.

188. **Molyn** (Pierre), dit *Tempesta* [1637-1701]. Marine : gros temps. — Dessin à la plume lavé d'encre de Chine.

189. **Moucheron** (Frédéric), dit *le Vieux* [1633-1686]. Élève de J. Asselyn. Paysage des environs de Rome. — Dessin à la pierre noire et au bistre.

190. **Neer** (Van der) [1619-1683]. Paysage au bord d'une rivière. — Joli dessin à la pierre d'Italie, rehaussé de blanc sur papier bleu.

191. **Netscher** (Gaspard) [1639-1684]. Élève de G. Terburg. Une Marchande fermant sa boutique au clair de lune. — Joli dessin à la plume et à l'aquarelle.

192. **De Neve** (François) [1625-1681]. Paysage à la plume et au bistre lavé d'encre de Chine.

193. **Neyst** (Gilles) [1680]. Élève de Ruysdael. Paysage à la plume et à la pierre noire sur papier teinté. — Exécution très-fine.

194. **Nieulandt** (GUILLAUME) [1584-1635]. Élève de Roland Savery et de Paul Bril. Paysage à la plume et au bistre, d'une facture énergique.

195. **Ommeganck** (PAUL) [1755-1826]. Élève d'Antonissen. Paysage à l'encre de Chine, d'une exécution parfaite.

196. **Orley** (RICHARD VAN) [1652-1732]. Jésus-Christ guérissant deux hommes possédés du démon. —Charmant dessin à la plume et au bistre lavé d'encre de Chine.

197. **Ostade** (ADRIEN VAN) [1610-1685]. Élève de F. Hals. Paysage. — Charmante étude à la pierre noire, légèrement teintée.

198. **Overbeek** [1752-1815]. Élève de Meyer. Paysage à l'aquarelle.

199. **Pass** (CRISPIN DE) [1550]. Sainte Anne, saint Sébastien et sainte Agathe entourés de sujets allégoriques et d'ornements. — Dessin à la plume et au bistre lavé, style gothique. (Curieux et très-rare.)

200. **Pinas** (JACQUES) [1660]. Maître de Rembrandt. Une vieille Sorcière disant la bonne aventure à une moissonneuse. — Dessin à la sanguine. (Rare.)

201. **Poelenburg** (CORNEILLE), dit *Brusco* [1586-1660]. Élève d'A. Bloemaert. Tobie et l'Ange. — Dessin à la sanguine.

202. — Paysage avec ruines. — Dessin à la plume lavé d'encre de Chine.

203. **Potter** (PAUL) [1625-1654]. Deux Bœufs se battant à coups de cornes. — Dessin à la plume lavé d'encre de Chine.

204. — Une Vache. — Dessin au crayon noir rehaussé de blanc sur papier bleu.

205. **Pynacker** (ADAM) [1621-1673]. Paysage à la plume
et au bistre lavé.

206. **Rademaker** (ABRAHAM) [1675-1735]. Paysage lavé
au bistre.

207. — Paysage avec monuments. — Dessin à la sanguine
et lavé de laque.

208. **Rembrandt Van Ryn** (PAUL) [1606-1674]. Elève
de P. Lastman et de Pinas. Un Cocher tenant un fouet
dans la main gauche et faisant un signe de la main
droite. — Dessin à la grosse plume et au bistre, d'une
exécution large et remarquable. (*Collection Réville.*)

209. — Deux Paysages à la plume et au bistre.

210. — Épisode de l'histoire de Joseph. — Dessin à la plume
lavé de bistre, largement traité.

211. **Riedinger** (JEAN) [1695-1757]. Le Paradis terrestre :
Dieu crée l'homme au milieu de tous les animaux. —
Joli dessin à l'encre de Chine sur papier gris.

212. **Rogman** (ROLAND) [1597-1687]. Paysage à l'encre de
Chine mêlée de terre de Sienne. — Charmant dessin.

213. **Roos** (PHILIPPE) [1655-1705]. Animaux à la sanguine.

214. **Rottenhamer** (JEAN) [1564-1604]. L'Aurore, entourée d'anges, répand des roses. — Joli dessin à la
plume et au bistre.

215. **Rubens** (PIERRE-PAUL) [1577-1640]. Un Bœuf, étude
d'après l'antique. — Dessin à la pierre noire.

216. — Un Enfant couché. — Étude aux trois crayons.

217. — Un Seigneur de la cour de Henri IV. — Dessin à
l'encre de Chine.

217 bis. — Un Saint entouré d'anges. — Superbe dessin à
la plume et au bistre lavé d'indigo.

218. **Ruysdael** (Salomon) [1700]. Paysage. Vue d'une ville forte située au bord d'une rivière, sur laquelle on voit un bateau chargé de bétail et de paysans. — Dessin lavé au bistre.

219. **Ruysdael** (Jacques) [1636-1681]. Élève de Van Everdingen, de Berchem et d'A. Van de Velde. Paysage traversé par une rivière. — Dessin à la pierre noire, d'une grande habileté.

220. **Sadeler** [1600]. Adoration des mages. — Dessin à la plume lavé d'encre de Chine.

221. **Saftleven** (Corneille) [1606-1670]. Veaux couchés sur l'herbe. — Dessin à l'encre de Chine.

222. **Schendel** (Bernard) [1650]. Paysage à la plume. — Dessin très-fin.

223. **Schoevaerts** [1650]. Élève de Teniers. Une femme battue par son mari. — Dessin à la plume.

224. **Schotel** (Jean-Chrétien) [1787-1838]. Marine : mer agitée. — Dessin au crayon noir rehaussé de blanc sur papier jaune.

225. **Schut** (Corneille) [1590-1676]. Élève de Rubens. Adoration des bergers. — Charmant dessin à la plume et à l'encre de Chine sur papier teinté.

226. **Seghers** (Gérard) [1590-1650]. Élève de Van Balen et de Janssens. La Vierge apparaît, entourée d'anges, à un moine en extase. — Dessin à la plume lavé de bistre et d'encre de Chine.

227. **Siebrechts** (Jean) [1625-1686]. Imitateur de Berchem et de Karl Du Jardin. Bataille commandée par le duc de Buckingham.—Dessin à l'encre de Chine très-fin.

228. **Soolemaker** [1670]. Élève de Berchem et de Wynants. — Paysage finement exécuté à la pierre noire et à l'encre de Chine.

229. **Steen** (JEAN) [1636-1689]. Élève de Van Goyen, d'A-
drien Brauwer et d'A. Van Ostade. — Fumeurs fla-
mands. — Dessin à la sanguine.

230. **Stimmer** (TOBIE) [1520-1576]. Épisode de l'histoire
de Tobie.— Dessin très-curieux, à la plume et à l'encre
de Chine. (Rare.)

231. **Stoop** (THIERRY) [1610-1686]. Cavaliers. — Dessin à
la pierre d'Italie lavé de bistre.

232. **Stry** (JACQUES VAN) [1756-1815]. Halte de cavaliers
près d'une auberge. — Charmant dessin à la plume
lavé d'encre de Chine.

233. **Swanevelt** (HERMANN) [1620-1690]. Élève de G. Dow
et de Claude Gelée. — Paysage à la plume et au bistre,
d'une touche transparente.

234. **Teniers** (DAVID), *l'Ancien* [1582-1650]. Élève de Rubens et d'Elsheimer. Paysage ; des vieillards causent
sur le premier plan. — Dessin à la plume et lavé.

235. — Études de femmes et de fumeurs. — Dessin à la
plume et lavé d'encre de Chine.

236. **Teniers** (DAVID), *le Jeune* [1610-1694]. Élève de son
père, de Brauwer et de Rubens. — Croquis à la plume
légèrement lavé.

237. — Un Moine expirant entre l'ange du bien et l'ange
du mal. — Dessin au crayon, très-fin d'exécution.

238. **Terburg** (GÉRARD) [1608-1681]. Portrait en pied
d'un bourguemestre. — Esquisse à la pierre noire rehaussée de blanc sur papier jaune.

239. **Terwesten** (AUGUSTIN) [1650-1711]. Adoration des
mages. — Dessin à la plume lavé de bistre et d'encre
de Chine.

240. **Uitewael** (Joachim) [1566-1624]. Le Jugement de Pâris. — Dessin à la plume et à l'encre de Chine.

241. **Vadder** (Louis de) [1750]. — Paysage à la plume et au bistre.

242. **Van de Velde** (Guillaume), *le Vieux* [1610-1692]. Marine : vue d'un port. — Dessin à la plume et au bistre, d'une exécution remarquable. (Rare.)

243. **Velde** (Adrien Van de) [1640-1772]. Élève de Wynants. Paysage avec animaux. — Très-joli dessin à la plume lavé d'encre de Chine.

244. Une Femme occupée à traire une vache qu'un paysan tient par les cornes. — Dessin à la sanguine.

245. **Venius** (Otto) [1556-1634]. Maître de Rubens. La Vierge et l'Enfant Jésus apparaissent à un moine en extase. — Dessin très-fin à la plume et au bistre, lavé légèrement.

245 bis. **Venne** (Van der) [1589-1662]. Un Accouchement. — Charmant dessin à la pierre noire, touche très-fine et spirituelle.

246. **Verbruggen** (Pierre), sculpteur [1630]. *Ecce homo*. — Dessin à la plume.

247. **Verhaght** (Tobie) [1556-1631] — Paysage à la plume et au bistre.

248. **Verschuuring** (Henri) [1627-1690]. Élève de J. Both. Campement militaire. — Dessin à la plume légèrement lavé de bistre.

249. Paysage : des cavaliers passent sur un pont ; un berger et son troupeau sur le premier plan. — Joli dessin à la plume lavé d'encre de Chine.

250. **Vickenbooms** (David) [1578-1630]. Paysage à la plume et au bistre lavé d'indigo. — Dessin très-rare.

251. **Vinne** (Vincent Van Der) [1629-1702]. Élève de F. Hals. Paysage lavé au bistre.

252. **Vlieger** (SIMON DE) [1612]. Scène de patineurs sur un canal. — Dessin au crayon lavé d'encre de Chine, d'une grande finesse.

253. **De Vos** (MARTIN) [1531-1604]. Élève de Frank-Floris. Un Évangéliste écrit sur un livre soutenu par un ange. — Dessin à la plume et au bistre.

253 bis. — Tentation de saint Antoine. — Dessin à la plume lavé d'encre de Chine.

254. — Portrait de vieillard. — A la plume sur papier bleu.

255. **Waterloo** (ANTOINE) [1618-1662]. Élève de J.-B. Weeninx. Une Vache. — Dessin à la pierre noire.

256. — Paysage. — Étude lavée à la sépia.

257. **Weeninx** (JEAN) [1644-1720]. Élève de son père. Combats de coqs. — Aquarelle.

258. — Nature morte: Fleurs, Fruits et Oiseaux. — Dessin à la plume.

259. **Weirotter** (FRANÇOIS) [1730-1771]. Paysage d'une finesse d'exécution remarquable. — Dessin à la mine de plomb.

260 **Witt** (JACQUES DE) [1695-1754]. Scènes bibliques : Adam et Ève; Sacrifice d'Abraham; l'Échelle de Jacob; Moïse; le Serpent d'airain; David jouant de la lyre; l'Arche et les Tables de la loi, etc. — Grand et beau dessin lavé au bistre et rehaussé de blanc sur papier de couleur.

261. **Wouwermans** (PHILIPPE) [1620-1668]. Élève de Wynants. Paysage avec cavaliers. — Charmant dessin à la pierre noire rehaussé de blanc sur papier teinté.

262. **Wyck** (THOMAS) [1616-1686]. Petite Marine exécutée avec une finesse remarquable. — Dessin à la plume et au bistre lavé d'encre de Chine.

263. — Intérieur de ferme. — Dessin à l'encre de Chine.

III

ÉCOLE FRANÇAISE

264. **Bauduin** (Antoine-François) [1750]. Paysage. — Joli dessin à la sanguine.

265. **Boissieu** (Jean-Jacques de) [1736-1810]. Élève de J. Frontier. Charmant paysage à l'encre de Chine.

266. **Bonnington** (Richard-Parkes) [1801-1828]. Élève de Gros. Vue des bords d'une rivière. — Charmante esquisse à l'encre de Chine.

267. **Bouchardon** (Edme), sculpteur. Triton. — Jolie étude à la sanguine.

268. **Boucher** (François) [1704-1770]. Élève de Lemoine. Étude d'académie à la pierre noire et au crayon blanc sur papier bleu.

269. — Projet de pendule. — Le cadran est porté par deux femmes nues. — Esquisse au crayon noir.

270. — Allégorie. — Belle esquisse à l'huile.

271. **Casanova** (François) [1730-1805]. Bataille. — Grand dessin au crayon noir lavé de bistre.

272. **Chardin** (Jean-Baptiste) [1699-1779]. Un tisserand à son métier. — Étude aux crayons noir et blanc sur papier bleu.

273. **Cochin**. Hommes nus. — Joli dessin à la sanguine.

274. **Constantin** (JEAN-ANTOINE) [1760], d'Aix. Vue de Castellaccio.— Paysage à l'encre de Chine.

275. **Corneille** (MICHEL) [1642-1708]. Élève de son père Michel Corneille, *le Vieux*. Sainte Famille.— Dessin à la pierre noire.

276. **Delarue** (LOUIS), sculpteur [1750]. Sacrifice antique. — Joli dessin à la plume légèrement lavé d'encre de Chine.

277. **Dughuet** (GASPARD), dit *le Guaspre-Poussin* [1613-1675]. Intérieur d'un temple. — Dessin lavé au bistre.

278. — Paysage biblique. — Très-beau dessin à la plume et au bistre lavé d'encre de Chine.

279. **Echard** (CHARLES) [1760]. Deux études à la plume.

280. — Grand paysage au crayon brun et relevé de blanc sur papier bleu.

281. — Grand paysage au crayon brun sur papier jaune.

282. **Enfantin** [1800]. Joli paysage à l'aquarelle.

283. **Fragonard** (NICOLAS) [1732-1806]. Élève de F. Boucher. Esquisse largement traitée à la plume et au bistre, et représentant un évêque à qui de petits anges présentent la tiare.

284. — Paysage à la sanguine, d'une exécution très-large et d'une puissante couleur.

285. — Adam et Ève au paradis. — Très-joli dessin à la plume lavé de bistre sur papier teinté.

286. **Gelée** (CLAUDE), dit *le Lorrain* [1600-1682]. Élève d'Augustin Tassi. Paysage au bistre rehaussé de blanc.

287. — Paysage avec animaux, à la plume et au bistre relevé de blanc sur papier teinté.

288. **Géricault** (THÉODORE) [1790-1824]. Élève de Carle Vernet et de Guérin. Un Homme couché. — Belle étude à la sanguine, largement traitée.

289. **Gillot** (CLAUDE) [1673-1722]. Élève de son père. Campement. — Dessin à la plume et au bistre.

290. **Jouvenet** (JEAN) [1644-1717]. Élève de Lebrun. Étude d'académie à la pierre noire.

291. **Lafage** (RAYMOND). Le Serpent d'airain. — Très-joli dessin à la plume et au bistre lavé d'encre de Chine.

292. **Lallemand** (JEAN-BAPTISTE) [1740]. Danse villageoise dans le style de Watteau. — Joli dessin à la sanguine.

293. — Paysage à l'encre de Chine.

294. **Lemoine** (FRANÇOIS) [1688-1737]. Élève de Galloche. Danse de bacchantes autour de Silène. — Joli dessin aux crayons noir et blanc sur papier vert.

295. — Allégorie pour plafond. — Dessin à la pierre noire légèrement lavé d'encre de Chine.

296. **Leprince** (JEAN) [1733-1781]. Élève de Boucher. Pâtres et moutons. — Joli dessin au crayon brun.

297. **Mallet** (JEAN-BAPTISTE) [1759]. Élève de Prud'hon. Femme au bain. — Très-joli dessin à l'encre de Chine.

298. **Milé** (FRANCISQUE) [1666-1723]. Beau paysage à la plume lavé d'encre de Chine.

299. **Moreau** (LOUIS) [1800]. Elève de Machy. Paysage à l'encre de Chine.

300. — Paysage à l'encre de Chine.

301. **Nanteuil** (ROBERT) [1630-1678]. Graveur célèbre. Portrait de femme. — Dessin à la sanguine d'une finesse d'exécution admirable.

302. **Natoire** (CHARLES) [1700-1778]. Élève de Lemoine. Étude au crayon noir.

303. — Études d'académies à la sanguine.

304. **Nicolle** [1780]. Vue de ville. — Croquis à la plume.

305. — Ruines. — Joli dessin à la plume lavé à la sépia.

306. — Vue d'un pont en Italie. — Joli dessin à la plume lavé au bistre.

307. **Oudry** (JEAN-BAPTISTE) [1686-1755]. Élève de Largillière. Combat de chiens. — Dessin aux crayons noir et blanc sur papier gris.

308. **Pérignon** (NICOLAS) [1726-1782]. Paysage. Vue d'Italie à l'aquarelle.

309. **Pierre** (JEAN-BAPTISTE) [1714-1789]. Élève de C. Natoire. Tête d'étude au crayon brun.

310 — Belle étude d'académie à la sanguine.

311. **Poussin** (NICOLAS) [1594-1665]. Belle étude à l'encre de Chine, d'après un bas-relief antique.

312. — Orgie. — Belle esquisse à la plume et au bistre légèrement lavée.

313. **Prud'hon** (PIERRE) [1760-1823]. Élève de Devosges, surnommé le *Corrége français*. Étude aux crayons noir et blanc sur papier bleu. — Dessin magistral.

314. **Robert** (Hubert) [1733-1808]. Élève de Fragonard et de Natoire, à Rome. Paysage à la sanguine.

315. — Paysage à la pierre noire. (Très-fin.)

316. — Grand escalier et terrasse dans un parc. — Dessin à la sanguine.

317. **Sarazin** (JACQUES-PHILIPPE) [1780]. Paysage à la sépia.

318. **Scheneau** [1800]. Tête dans le style de Greuze. —
Dessin à la sanguine.

319. **Vanloo** (Carle) [1705-1765]. Élève de B. Lutti. Tête
de vieillard. — Très-beau dessin aux crayons noir et
blanc sur papier jaune.

320. **Watteau** (Antoine) [1684-1721]. Élève de Claude
Gillot et d'Audran. Deux croquis à la pierre noire.

321. — Ruines du pont de Narni. — Dessin à la sanguine.

322. — Paysage. — Dessin à la sanguine.

323. — Étude de mains aux trois crayons.

324. — Femme couchée, presque nue. — Charmant dessin aux trois crayons.

325. **Vernet** (Joseph) [1714-1789]. Élève de Manglard. La-
veuses. — Croquis à la pierre noire.

326. — Matelot tirant des cordages. — Joli croquis à la
sanguine.

327. **Vernet** (Carle) [1758-1836]. Élève de son père.
Scène de singes et d'ours dans une fête de village.
— Croquis à la plume.

328. **Vien** (Joseph-Marie) [1716-1809]. Maître de David.
Un Moine en prière. — Dessin au crayon noir.

329. **Vouet** (Simon) [1582-1641]. Élève de son père. Le
Dante. — Dessin aux crayons noir et blanc sur papier
jaune.

IV

ÉCOLE ESPAGNOLE

330. **Cano** (Alonzo) [1601-1667]. Élève de Herrera. Christ
mort sur les genoux de la Vierge. — Beau dessin gri-
saille à l'huile sur papier.

331. **Murillo** (Esteban) [1618-1682]. Élève de Velasquez.
Scène religieuse. — Dessin à la plume et au bistre.

332. — Apparition de Jésus-Christ aux hommes, ayant
à ses côtés *la Foi* sous la forme d'une femme. —
Dessin à la pierre d'Italie rehaussé de blanc sur papier
gris.

333. — Un enfant, portant un plateau avec un verre et une
bouteille, monte un escalier. — Charmant dessin à la
grosse plume légèrement colorié et lavé d'encre de
Chine.

334. — Sainte Famille. — Très-beau dessin aux trois
crayons sur papier gris, d'une grande finesse d'exécution.

    (Provenant de la vente *Woodburn*, à Londres.)

335. **Ribera** (Joseph), dit *l'Espagnolet* [1588—1656]. Élève
de Ribalta et de Michel-Ange de Caravage. Christ mort.
— Dessin à la plume.

SUPPLÉMENT

I

ÉCOLES DU NORD

336. **Alexandre** [1710]. L'Ascension. — Dessin à la sanguine lavé d'encre de Chine.

337. **Béga** (Corneille) [1620-1664]. Buveur flamand. — Dessin à la plume et au bistre.

338. — Étude à la pierre noire rehaussée de blanc sur papier bleu.

339. — Jeune Lévite. — Etude au crayon rehaussée de blanc sur papier bleu.

340. **Berchem** (Nicolas) [1624-1683]. Paysage avec animaux et bergers. — Dessin à la pierre noire. (*Signé.*)

340 bis. — Belle étude d'animaux et de pâtres à la sanguine.

341. **Both** (Jean) [1610-1650]. Paysage. — Dessin admirable lavé à l'encre de Chine. (*Collection Ploos van Amstel, provenant de la vente Woodburn de Londres.*)

342. **Both** (André) [1610-1650]. Paysage : vue d'Italie. — Dessin à l'encre de Chine.

343. **Boven** (Van). Paysage. — Charmant dessin lavé d'encre de Chine.

344. **Brauwer** (Adrien) [1608-1640]. Etude à la sanguine.

345. **Breembergh** (Bartholomé) [1620-1660]. Un Puits. — Belle étude à la plume lavée de bistre.

346. **Bril** (Mathieu) [1550-1584]. Etude d'arbre au bistre.

347. **Cabel** (Van der) [1631-1695]. Paysage : vue de Tivoli. — Dessin à la plume et au bistre lavé d'encre de Chine.

348. **Champaigne** (Philippe de) [1602-1674]. La Madeleine lavant les pieds du Christ. — Dessin à la plume et au bistre.

349. **Clotz** (Valentin) [1680]. Vue de ville. — Dessin à la plume et au bistre.

350. **Cuyp** (Albert) [1610]. Vue de ville. — Dessin à la plume lavé à l'encre de Chine.

351. **Diepenbeke** (Abraham van) [1607-1675]. Elève de Rubens. Un Prêtre à l'autel, disant la messe. — Très-joli dessin à la plume.

352. — Jésus-Christ répand son sang et la Vierge son lait dans une fontaine, d'où ces liquides s'échappent et tombent sur des papes et des moines rangés à l'entour. — Joli dessin à la plume lavé de bistre et d'encre de Chine.

353. **Duquesnoy**, sculpteur. Deux dessins à la plume : l'Astronomie et la Géographie, allégorie.

354. **Dietzsch** (Jean-Christophe) [1710-1769]. Paysages. — Deux charmants dessins à la pierre noire.

355. **Dyck** (Antoine Van) [1599-1641]. Christ mort, soutenu par des anges. — Beau dessin à la plume et lavé de bistre sur papier bleu. (*Collection Hamal de Liége.*)

355 bis. — Esquisse à l'huile.

356. **Everdingen** (Albert Van) [1621-1675]. Elève de Roland Savery et de Pierre Molyn. — Paysage à l'encre de Chine.

357. **Fyt** (Jean) [1625-1671]. Elève de Sneyders. Singes et Fruits. — Dessin à la plume légèrement lavé de bistre.

358. **Genoels** (Abraham) [1640-1682]. Paysage au bistre.

359. **Heusch** (Guillaume de) [1660]. Elève de J Both. — Etude d'arbres. — Dessin à la plume lavé d'encre de Chine.

360. **Hackaert** (Jean) [1636-1699]. Paysage à la sépia.

361. **Honthorst** (Gérard) [1592-1662]. Elève de Bloemaert. Le Christ montrant sa plaie à saint Thomas. — Dessin à la plume et au bistre lavé d'encre de Chine.

362. — Le Christ prêchant. — Dessin lavé au bistre.

362 bis — Le Christ mis en croix. — Dessin lavé au bistre.

363. **Hoeck** (Jean Van) [1600-1650]. Elève de Rubens. La Vierge et l'Enfant Jésus. — Dessin à la pierre d'Italie.

364
364 bis. **Ketel** (Corneille) [1548-1610]. Elève de Blocklandt. Deux études à la pierre noire, rehaussées de blanc sur papier bleu.

365. **Kobell** (Ferdinand) [1740-1796]. Paysage à la plume légèrement lavé.

366. — Paysage à la plume largement traité.

367. — Esquisse de paysage à la plume.

368. — **Kobell** (Jean), fils de Henri [1782-1814]. Grand et beau paysage lavé à l'encre de Chine.

369. **Lairesse** (Gérard) [1640-1711]. Elève de B. Flemal.
Allégorie. — Dessin à la plume lavé d'encre de Chine.

370. **Laar** (Pierre de) dit *le Bamboche* [1613-1673]. Halte
de cavaliers près d'un moulin. — Dessin à la plume
lavé au bistre.

371. **Legillon** (de Bruges) [1737-1797]. Elève de M. de
Visch La grotte d'Albano. — Paysage à la gouache sur
papier teinté.

372. **Lievens** (Jean) [1610]. Elève de P. Lastman. Etude
de paysage au bistre.

373. — Etude d'arbres à la plume.

374. **Luycken** (Jean) [1650]. Graveur. Triomphe de l'É-
vangile sur le paganisme. — Dessin à la plume et au
bistre lavé d'encre de Chine.

375. **Meyring** (Albert) [1645-1714]. Elève de son père.
Paysage à la plume et au bistre.

376. **Mieris** (François Van) [1635-1681]. Elève de G. Dow.
Etude à la pierre noire.

377. **Meulen** (Van der) [1634-1690]. Elève de P. Snayers.
Etude de cheval mort. — Dessin à la plume lavé de
bistre.

378. **Monnix** [1606-1686]. Vue du château Saint-Ange.
— Très-joli dessin à la plume et au bistre légèrement
lavé.

379. **Moucheron** (Isaac) [1670-1744). Elève de son père
Frédéric Moucheron. Très-beau paysage à l'aquarelle.

380 **Netscher** (Constantin) [1670-1712]. Elève de son
à   père Gaspard Netscher. — Cinq études de portraits à
385.   l'encre de Chine.

386. **Orley** (Richard Van) [1652-1732]. Jésus et la Samaritaine. — Dessin à la plume lavé à l'encre de Chine et rehaussé de blanc sur papier bleu, largement traité.

387. — Scène biblique. — Beau dessin à la plume lavé à l'encre de Chine et rehaussé de blanc sur papier bleu.

388. **Pieters** (Bonaventure) [1610]. Marine. — Dessin à la plume lavé à l'encre de Chine.

389. **Potter** (Paul) [1625-1654]. Vache vue de face. — Dessin à la pierre noire.

390. **Roos** (Henri) [1631-1686]. Élève de A. de Bie. Paysage au crayon noir.

391. **Rubens** (Pierre-Paul) [1577-1640]. Tête de femme au crayon noir.

392. — Esquisse d'un bas-relief à la pierre d'Italie.

393. — Le Triomphe du christianisme sur le paganisme, allégorie. — Magnifique dessin au pastel.

394. **Schelfhout** (André) [1787-18...]. Paysage à l'aquarelle, largement traité.

395. **Schut** (Corneille) [1590-1676]. Élève de Rubens. La Présentation.—Dessin à la pierre noire.

396. **Spranger** (Barthélemy) [1546-1628]. Hercule. — Dessin à la plume lavé de bistre. (*Collection Hamal Leod*).

397. **Strus** [1620]. Scène biblique dans le style de Martin de Vos. — Beau dessin à la plume lavé de bistre.

398. **Stry** (Jacques Van) [1756-1815]. Élève de Lens. Cavaliers au bord d'une rivière. — Joli dessin lavé au bistre.

399. — Deux études au crayon noir : Femmes allant au marché.

400. **Stry** (Abraham Van) [1753-1826]. Elève de son frère Jacques. Deux charmantes études aux trois crayons : Une vieille Femme endormie. — Une Laveuse.

401. **Swanevelt** (Herman Van), dit *Herman d'Italie* [1620-1690]. Élève de G. Dow. Ruines d'un château sur des rochers. — Dessin très-fin à la plume lavé de bistre.

402. **Terburg** (Gérard) [1608-1681]. Belle étude à la pierre noire.

403. **Thulden** (Théodore Van) [1607-1686]. Élève de Rubens. La Présentation. — Dessin à la pierre noire.

404. **Uden** (Lucas Van) [1595-1660]. Paysage à la pierre noire.

405. **Ulft** (Jacques Van der) [1630-1679]. Paysage lavé au bistre.

406. **Verboom** (Abraham) [1690]. Élève de Lingelbach. Paysage à la sépia.

407. **Vickembooms** (David) [1578-1629]. Élève de son père Philippe Vickembooms. Paysage à la plume lavé au bistre et à l'indigo.

408. **Vos** (Martin de) [1531-1604]. Élève de F. Floris. Reddition d'une ville. — Dessin capital à la plume et lavé au bistre.

409. **Waterloo** (Antoine) [1618-1678]. Élève de Weeninx. Vue d'un pont sur un canal. — Joli dessin au crayon légèrement teinté de bistre.

410. **Wilkie** (David) [1785-1841]. Intérieur d'une école. —Dessin au crayon de mine de plomb. *(Coll. N.Houe.)*

411. **Wyck** (Thomas) [1616-1686]. Scène d'intérieur. — Dessin lavé au bistre, largement traité.

II

ÉCOLES D'ITALIE

412. **Anselmi** (Michel-Ange) [1491-1554]. Élève du Corrége. — Étude d'académie à la sanguine.

413. **Barbieri** (J.-François), dit *le Guerchin* [1590-1666].
Animaux à la plume et au bistre.

414. — Sainte Cécile. — Esquisse à la sanguine.

415. — Femme nue couchée. — Dessin à la sanguine et au
crayon blanc.

416. — Torse d'homme. — Étude à la sanguine.

417. **Fra Bartolomeo** (Baccio della Porta), dit *il Frate*
[1469-1517]. Élève de Lécnard de Vinci. — Belle étude
de moines à la sanguine. (*Collection J. Dupan.*)

418. **Bella** (Stephano della) [1610-1664]. Élève de Remi,
dit *Canta Gallina*. Ganymède. — Joli dessin à la plume
lavé de bistre.

419. — Vue des environs de Rome. — Charmant dessin à la
plume légèrement lavé au bistre, d'une grande finesse
d'exécution.

420. **Buonacorsi** (Perino), dit *Perino del Vaga* [1500-
1547]. Élève de Raphaël. Mars et Vénus. — Dessin à la
plume légèrement lavé de bistre.

421. **Camassei** (André) [1602-1648]. Élève de Sacchi
(André) et du Dominiquin. Junon. — Charmant dessin
à la plume légèrement lavé de bistre.

422. **Cantarini** (Simon), dit *le Pesarèse* [1612-1648] Moïse.
— Dessin à la plume lavé de bistre. (*Collection J. Dupan.*)

423. **Carrache** (Annibal) [1560-1610]. Esquisse à la sanguine.

424. — L'Amour retenant le bras d'une des Parques prête
à trancher le fil. — Très-joli dessin aux crayons noir
et blanc sur papier jaune. (*Collection J. Dupan.*)

425. **Castiglione** (Benedetto) [1616-1686]. Un cheval
blessé près de son cavalier mort. — Dessiné au pinceau
et au bistre.

426. **Colonna** (Michel-Ange) [1600-1687). Un Vieillard à
genoux devant l'Enfant Jésus porté par la Vierge. —
Groupe plein de grâce. — Dessin à la sanguine.

427. **Diamantini** (Jean-Joseph) [1660-1722). Élève du
Titien. Hercule et Omphale. — Très-joli dessin à la
sanguine légèrement lavé de bistre.

428. **Fiori** (Frédéric), dit *le Barroche* [1528-1612]. Un
Évêque montant au ciel en tenant à la main la palme
du martyre. — Dessin à la plume lavé de bistre.

429. **Galli** (Francesco), dit *Bibiena* [1656-1730]. Intérieur
de prison. — Dessin à la plume lavé d'encre de Chine.
— Ruines de temple. — Dessin à la plume lavé de
bistre.

430. **Guardi** (Francesco) [1712-1793]. Élève de Canaletti.
Esquisse d'une forteresse à la plume.

431. **Lanfranco** (Giovani) [1581-1647]. Élève des Carrache.
Vénus et Vulcain. — Dessin à la plume légèrement lavé
de bistre.

432. **Mola** (Francesco) [1612-1668]. Élève de J. Cesari,
dit *le Josepin*, et de l'Albane. Saint Jean dans le désert.
— Dessin à la plume et au bistre. (*Collection Gelozzi.*)

433. **Palmieri** (Joseph) [1674-1740]. Paysage avec animaux. -- Très-beau dessin à l'encre de Chine (signé).
—Exécution admirable.

434. **Palma** (Jacopo), *le Vieux* [1518-1556]. Un Évangéliste.
— Dessin à la plume lavé de bistre et rehaussé de
blanc sur papier gris.

435. **Palma** (Jacopo), *le Jeune* [1544-1628]. Étude au bistre.

436. **Paoli** (Michel) [1700]. Élève de D. Crespi. Allégorie.
— Dessin a la plume et au bistre lavé d'encre de Chine.
(*Collection J. Dupan.*)

437. **Ponte** (Jacopo da), dit *le Bassan* [1510-1592]. Élève
du Titien. Adoration des bergers. — Dessin à la plume
et au bistre lavé à l'encre de Chine. Très-fin.

438. **Procaccini** (Camille) [1546-1626]. Anges. — Dessin
à la plume et au bistre.

439. **Rosa** (Salvator) [1615-1675]. Élève de Lanfranco.
Saint Jean. — Esquisse à la plume.

440. **Roscelli** (Come) [1416-1500]. Étude d'académie à la
sanguine. — Très-beau dessin, d'un grand style.

441. **Tempesta** (Antonio) [1555-1630]. Élève de Santi di
Tito et de Stradanus. Combat de chevaliers. — Dessin
à la plume lavé de bistre.

442. **Tintoret** (Jacopo Robusti) [1512-1594]. Élève du
Titien. Massacre. — Beau dessin à la plume lavé de bistre.

443. **Zampieri** (Dominique), dit *le Dominiquin* [1580-1640].
Élève de D. Calvaert. Tête de Femme. — Dessin à la
plume.

RENOU ET MAULDE, imprimeurs de la Compagnie des Commissaires-Priseur,
rue de Rivoli, 144.   13859

RENOU ET MAULDE

IMPRIMEURS DE LA COMPAGNIE DES COMMISSAIRES-PRISEURS

Rue de Rivoli, 144.

www.ingramcontent.com/pod-product-compliance
Lightning Source LLC
LaVergne TN
LVHW011356170726
843501LV00006B/1863